HEYNE MINI

Sachsen kocht

Originalausgabe

WILHELM HEYNE VERLAG

MÜNCHEN

Heyne MINI Nr. 33/1290

10. Auflage

Copyright © 1995 dieser Ausgabe
by Wilhelm Heyne Verlag GmbH & Co. KG,
München
Copyright © 1992 by Sachsenbuchverlag GmbH,
Leipzig
7 Gedichte von Lene Voigt aus:
»Gleenes Göchelverzeichnis«
von Barbara Renate Reinhardt und Rolf Gohlis,
zp-Verlag Leipzig, 1990
Auszüge aus Christine Dölle
»Sächsisches Kochbuch«
Cartoons von Christine Dölle
unter Mithilfe von
Tante Agathe aus Bennewitz
Oma Gerda aus Leutzsch
und Moni vom Weißen Hirsch
Umschlagvorderseite:
Lothar Otto/Baaske Cartoon Agentur, München
Umschlaggestaltung:
Atelier Ingrid Schütz, München
Satz: Fotosatz Völkl, Puchheim
Printed in Germany 2001

ISBN 3-453-09514-6

Inhalt

Vorwort

»Da machter eehmd euren Dreck alleene«, rief Friedrich August III., König von Sachsen, seinen Untertanen zu, als sie ihn nicht mehr haben wollten. Er zog sich zurück, die Sachsen zogen weiter, am Schloß vorbei und wieder nach Hause. Der Fall war erledigt. Sie grübeln nicht. Was weg ist, ist weg. Sachsen sind wie Stehaufmännchen. Sie fangen gerne an. Unerschütterlich rappeln sie sich aus jedem tiefen Tal wieder hoch und gucken zuversichtlich über die Bergnase dem nächsten Ziel entgegen. Ihr belächelter Dialekt zwingt sie dazu, sich täglich aufs neue zu emanzipieren. Sie sind die Frauen Deutschlands. Um diesen Kampf zu überstehen, kochen sie ihr eigenes Süppchen. Es ist kräftig, meist mit viel Speck und »guter« Butter, süß-sauer, denn sauer macht lustig.

Auch in Leipzig, wo seit 800 Jahren zweimal im Jahr Leute aus aller Herren Länder ihre kulinarischen Spuren hätten hinterlassen können, bleibt die Hausfrau der sächsischen Küche treu.

Die Leipziger lassen gelassen die Messen an sich vorüberziehen, trinken weiter ihren »Bliemchengaffee« und ditschen die Semmel rein. Der Kaffee ist gesund, er ist so dünn, daß man das gemalte

Blümchen auf dem Tassengrund sieht, süß und lauwarm.

Und geditscht wird alles, was trocken ist und krümelt: Buttersemmeln, Napfkuchen, Stollen und Kekse. Die höchste Delikatesse ist eine Käsesemmel in Kakao geditscht. Wenn dann die Fettaugen oben schwimmen, ist das schön.

Überhaupt hat's der Sachse gern feucht. Ein Schnitzel ohne Soße geht nicht, er braucht etwas, worin er seine Kartoffeln zermampfen kann. Er hat sich mit Erfolg gegen die Einflüsse der internationalen Küche gewehrt und auch den erhobenen Zeigefinger der Ernährungswissenschaftler ignoriert.

Speck und Butter sind immer

noch die Renner zwischen Leipzig, Dresden und Aue.

Es wird wohl an der angeborenen »Fischelanz« der Sachsen liegen, einer Eigenschaft, die man andernorts vielleicht mit »rotierender Umtriebigkeit« übersetzen kann, daß man hier genauso viel oder wenig Speckbäuche und ausladende Hinterteile sieht wie in anderen Ländern auch.

Ganz im Gegenteil, ohne das »Mulang Ruusch« in Paris miesmachen zu wollen, ist es eben Sachsen, wo die schönen Mädchen auf den Bäumen wachsen, neben Borsdorfer Äpfeln, Knorpelkirschen und der blauen Hauspflaume.

Suppen

Biermüschen

1/2 Liter Milch
1/2 Liter Bier
1 Eßlöffel Mehl
2 Eier
1 Eßlöffel Butter
Salz, 1 Stange Zimt, Zucker
Zwieback

Man lasse das Bier mit dem Zimt und die Milch einzeln kochen. Mehl und Eier mit wenig Milch verquirlen und in der kochenden Milch verrühren. Dann gibt man alles zusammen in einen Topf und läßt es unter beständigem Quirlen ziehen, tut Butter, wenig Salz, Zucker nach Belieben hinein und richtet über Zwieback an.

Gerbelsuppe

1 Pfund Kerbel
3 Eier
1 Liter Fleischbrühe
2 Eßlöffel Mehl
Butter, Salz

Der Kerbel wird verlesen, gewaschen, gewiegt und mit etwas Butter und Salz in die Fleischbrühe getan. Man läßt ihn eine Viertelstunde kochen, quirlt das Mehl mit den Eiern zusammen und rührt es in die Suppe.
Sellerie-, Petersilien- und Brunnenkressesuppe wird auf die gleiche Weise bereitet.

Gefillde Gardoffeln

6 große Kartoffeln
400 g gares Kochfleisch
1/2 Liter Brühe
2 Eier
Pfeffer, Salz
1 Eßlöffel Kartoffelmehl
abgeriebene Zitronenschale

Die Kartoffeln schälen und halb
weich kochen. Dann höhlt man
sie vorsichtig aus. Das fein gewiegte Fleisch mit einem Ei, Pfeffer, Salz und abgeriebener Zitronenschale zu einem festen Teig
kneten und in die hohlen Kartoffeln drücken.
Dann nimmt man die wallende
Brühe, läßt die Kartoffeln einige

Minuten darin kochen und quirlt sie mit einem Ei und Kartoffelmehl ab.

Biersubbe mid Gimmel

3 Scheiben Schwarzbrot
1/2 Liter Bier
Kümmel
1 Eßlöffel Butter
Salz, 1 Teelöffel Zucker

Man weicht das Brot in Wasser ein. Alsdann wird das Bier darübergegossen und mit Kümmel bei gelindem Feuer eine Weile gekocht.
Danach wird gut gequirlt, Butter, Salz und Zucker dazugetan und angerichtet.

Schwarzbrodsubbe

5 Scheiben Schwarzbrot
1 Stange Zimt
1/2 Zitrone
2 Eßlöffel Rosinen
1/2 Liter Weißwein
1 Teelöffel Zucker

Das Schwarzbrot röstet man im Herd schön braun. Erkaltet wird es in kleine Stücke gebrochen, nebst einer Stange Zimt und etwas abgeriebener Zitronenschale in einen Topf gegeben. Man gießt 1/2 Liter Wasser über das Brot und kocht es weich. Ist dies geschehen, so reibt man es durch ein Sieb, tut die Rosinen, Zucker, dünne Zitronenscheiben und

Weißwein hinzu und läßt die Suppe bedeckt bis zum Sämigwerden kochen.

Saure Gardoffelschdiggchen

1 Pfund Rindfleisch zum Kochen
3 Pfund Kartoffeln
1 Glas süß-saure Senfgurken
1 Zwiebel
1 Suppengrün
Pfeffer, Salz

In einen Suppentopf gibt man das Fleisch, die geschälten und kleingeschnittenen Kartoffeln, die Zwiebeln und das Suppengrün, das später wieder herausgenommen wird.

Alsdann schneidet man die Senfgurken in kleine Stücke und schüttet sie mitsamt der Gurkenbrühe über die Kartoffelwürfel. Mit Wasser gießt man das Ganze auf, bis alles gerade bedeckt ist, pfeffert und salzt und läßt das Ganze 2 Stunden kochen, bis die Kartoffelstückchen ganz weich sind. Danach nimmt man das weiche Fleisch heraus, schneidet es klein und rührt es in die Suppe.

Gardoffelsubbe

300 g Rindfleisch zum Kochen
200 g Rauchspeck, durchwachsen
1 große Zwiebel
2 Pfund Kartoffeln

1 große Sellerieknolle oder eine
große Handvoll Selleriekraut
2 Möhren, Pfeffer, Salz

Man schält die Kartoffeln, zerschneidet grob den Sellerie oder
das Kraut und legt sämtliche Zutaten in einen gehörig großen
Suppentopf.
Danach gießt man alles mit Wasser knapp auf und läßt es so lange
kochen, bis die Kartoffeln ausein-
anderfallen und das Fleisch ganz
weich ist. Dies nimmt man heraus
und legt es beiseite. Das übrige
wird kräftig durchgequirlt, bis
eine dicke sämige Suppe entsteht.
Das Fleisch schneidet man klein
und legt es zurück in den Topf.

Leibzscher Allerlei

1/2 Pfund Möhren
1/2 Pfund Erbsen
1/2 Pfund Spargel
1 Kohlrabi
1 kleiner Blumenkohl
1/2 Pfund Waldpilze oder
eine fette Henne (krause Glucke)
2 Pfund Hohe Rippe
Butter
Pfeffer und Salz

Man setzt die Hohe Rippe mit Pfeffer, Salz und so viel kaltem Wasser auf, wie man Brühe benötigt. Dann läßt man es kochen, bis das Fleisch weich ist, nimmt es heraus und legt es kleingeschnitten wieder in die Brühe.

Zwischendurch putzt man das Gemüse und zerschneidet es auf folgende Art: die Möhren und den Kohlrabi in kleine Würfel, den Blumenkohl in Röschen, die Pilze in dünne Scheiben und den Spargel in fingerdicke Scheiben, wobei man die Köpfe abschneidet.

Jedes Gemüse wird in einem eigenen Topf für sich mit Salz, Butter und ein wenig Wasser gar gedünstet.

Die Spargelköpfe werden herausgenommen, derb zerdrückt und in die Brühe gerührt.

Die anderen Gemüse gießt man vorsichtig ab und schüttet sie zusammen in die Suppe.

Abbelsubbe

6 Äpfel
5 Eßlöffel Zucker
Zimt
1 Zitrone
4 Zwiebäcke

Man schält und schneidet die Äpfel in kleine Stücke, bedeckt sie
gerade mit Wasser und läßt sie
weichkochen.
Alsdann schlägt man sie durch ein
Sieb. Ferner gibt man den Zwieback, Zitrone, Zucker und Zimt
dazu und läßt die Suppe wieder
aufkochen.

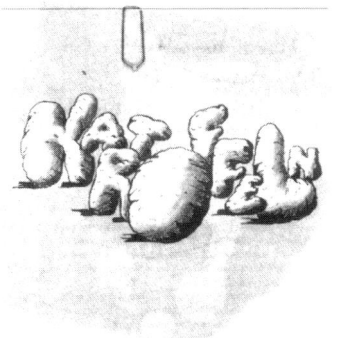

Kartoffeln

GARDOFFELLIED

Gee Gemiese is wie du
So voll Meechlichgeeten.
Jede Hausfrau gibbt das zu,
Retter in ihrn Neeten.

Salzgardoffeln, Gleeße, Brei,
Buffer, Blätzchen, Guchen,
Subbe un noch vielerlei
Gann mer da versuchen.

Ooch gleich in dr Schale drin
Lassense sich gochen.
Dun, sobal se fertich sin,
An dn Deckel bochen.

Denn Gardoffeln hamm Gemiet.
Das is geene Fraache.
Singmer drum's Gardoffellied
Dankbar alle Daache.

Lene Voigt

Bradgardoffeln

Kartoffeln
1 große Zwiebel, 1 Gewürzgurke
2 Knoblauchzehen
Butter, Öl, Pfeffer, Salz, Kümmel

Man schält die Kartoffeln, kocht sie halbweich und schneidet sie in Scheiben. In einem Tiegel zerläßt man halb Butter, halb Öl und legt die in große Scheiben geschnittenen Zwiebeln und den zerdrückten Knoblauch hinein. Sofort danach auch die Kartoffelscheiben, die mit Pfeffer, Salz und ein wenig Kümmel bestreut werden.

Auf heftigem Feuer werden die Kartoffeln erst von einer Seite gebraten, alsdann wendet man sie, gibt die kleingeschnittene Gewürzgurke hinzu und brät sie von der anderen Seite.

Gardoffelmus

Kartoffeln
Butter
Milch
Dill, Liebstöckel

Man gießt die weichgekochten Kartoffeln ab und rührt so viel heiße Milch darunter, daß eine schöne Masse entsteht. Alsdann gibt man Butter, etwas zerhackten Dill und Liebstöckel dazu und rührt noch einmal kräftig durch. Auch kann man eine halbe Tasse Rahm dazugeben.

Gewürzgardoffeln

Kleine rohe Kartoffeln
Maggiwürze
1 Bund Liebstöckel
Pfeffer, Salz, Kümmel, Öl

Die Kartoffeln schält man und
schneidet sie in zwei Hälften. Auf
einen großen flachen Teller gießt
man Maggi, so daß der ganze Bo-
den damit bedeckt ist, legt die
Kartoffelhälften mit der Schnitt-
fläche nach unten hinein, streut
Pfeffer, Salz, Kümmel und den
zerkleinerten Liebstöckel darüber.
Das Ganze läßt man einen Tag
durchziehen. Alsdann läßt man in
einer großen Pfanne Öl heiß wer-

den und brät die Kartoffeln bei
geschlossenem Deckel, bis sie
weich sind.

Gardoffelauflauf

1 Pfund gekochte, geriebene
Kartoffeln
1 Tasse Rahm
3 Eier, getrennt
Zucker
1/2 Zitrone
Butter

Die geriebenen Kartoffeln werden mit Rahm, Eidottern und
Zucker nach Geschmack vermengt, auf dem Feuer einige Minuten gut umgerührt. Dann läßt
man sie kalt werden.

Man mischt das geschlagene Eiweiß hinzu und den Zitronensaft
und bäckt die Masse in einer mit
Butter bestrichenen Form.

Gardoffelrollade

*1 Pfund gekochte, geriebene
Kartoffeln
200 g Butter
2 Eier
1 Handvoll gewiegte Petersilie
Salz, Butter*

Die geriebenen Kartoffeln mit
der Butter schaumig rühren.
Man tut die Eier, Petersilie und
etwas Salz dazu, vermengt alles
und formt kleine Rouladen davon.

Dieselben werden in Butter von allen Seiten schön braun gebacken.

Gardoffeldorde

1/2 Pfund Butter
4 Eier, getrennt
Kartoffelmehl
je 2 Eßlöffel gehackte süße und bittere Mandeln
Zucker
Butter

Die Butter schlägt man zu Schaum, schlägt die 4 Eidotter unter beständigem Rühren dazu und mengt so viel Kartoffelmehl darunter, bis sich ein trockener Teig bildet.

Man nimmt dann die Mandeln, Zucker nach Geschmack, schlägt das Eiweiß zu Schnee und rührt es dazu, dann gibt man alles in eine mit Butter ausgestrichene Form und bäckt es langsam im Herd.

Gräudergardoffeln

Kartoffeln
1 Suppengrün
1 Zwiebel, 2 Gewürzgurken
1 Bund Petersilie, Fleischbrühe

Die geschälten Kartoffeln schneidet man in grobe Stücke und kocht sie mit den übrigen Zutaten in der Fleischbrühe weich. Danach nimmt man sie heraus und gibt sie zu Braten.

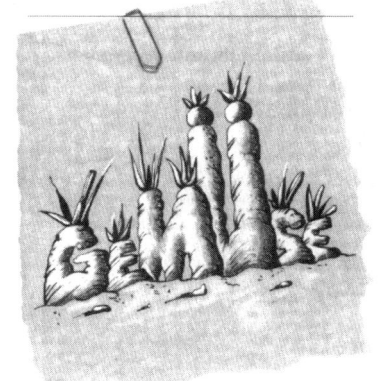

Gemüse

DE DOMADE

Wie 'ch ä gleenes Mädchen war,
Dachte ich mir, wunderbar
So änne Domade.
Voller Freide biß ich nein,
Gloobte, die dät sieße sein,
Bald wie Schoggelade.

Ach, wie war ich schwär entteischt!
Habb gebläkt un habb gegreischt,
So dat 'ch mich erschrecken.
Sieße warse geene Schbur,
Un ich schbuckte se reddur,
Mocht nich mähr dran lecken.

Mußte in mein schbätern Lähm
Ofte noch zur Genntnis nähm
Solche Resuldade.
Mancher lockt dorchs Eißre sehr,
Bis mer märkt beim Nahvergehr:
Is där Mänsch bloß fade! Schade!

Lene Voigt

Buddermeern

Möhren
Zucker, Salz
1 Eßlöffel Mehl
Butter

Man schneidet die Möhren in
Stifte, gibt ein wenig Zucker und
Salz daran und läßt sie mit wenig
Wasser und Butter gardünsten.
In etwas ausgelassener Butter
wird das Mehl gelbbraun gerö-
stet, mit dem Möhrenwasser auf-
gefüllt, gequirlt und über die
Möhren gegossen.

Vochtländsches Graud

1 mittlerer Weißkohl
150 g Speck
6 Eßlöffel Essig
3 Eßlöffel Zucker
2 Eßlöffel helle Konfitüre
Salz (kein Pfeffer!)
5 Eßlöffel Kartoffelmehl

Das Kraut hobelt man in feine Streifen. In einem großen Topf wird der gewürfelte Speck ausgelassen, bis er braun ist, mit dem Kartoffelmehl verrührt und mit 2 Tassen Wasser abgelöscht. Nachdem man Essig, Zucker und Salz hinzugegeben hat, muß die Brühe abgeschmeckt werden. Sie sollte einen sehr kräftigen süßsauren Geschmack haben. Wenn alles einmal aufgekocht ist, kommt das Kraut mit der Konfitüre hinein und wird anschließend weich gekocht.

Ärbsen

1 Pfund Erbsen
1 Zwiebel
Petersilie
100 g durchwachsener Speck
Salz

Die Erbsen kocht man in Salzwasser: Sobald sie weich sind, gibt man die zerkleinerte Zwiebel und die gehackte Petersilie dazu und läßt alles zusammen noch einmal aufkochen.

Danach richtet man sie mit dem ausgelassenen Speck an.

Rodgraud

1 mittlerer Rotkohl
2 Äpfel, 150 g Speck
1/4 Liter Rotwein
6 Eßlöffel Essig, 3 Eßlöffel Zucker
6 Nelken
2 Eßlöffel Johannisbeerkonfitüre
Salz (kein Pfeffer!)

Das Kraut wird fein gehobelt und in eine Schüssel getan. Darüber gibt man die ungeschälten gewürfelten Äpfel, Essig, Zucker, Nelken, Salz und Rotwein.
Das Ganze läßt man mindestens

1 Tag stehen. Im Topf wird der gewürfelte Speck scharf angebraten, danach vorsichtig das durchgezogene Kraut mit sämtlichen Zutaten und der Konfitüre hinzugefügt. Eine Weile wird das Kraut durchgekocht, alsdann wird noch mit etwas kaltem Wasser nachgegossen, damit es nicht ansetzt.
Dann so lange kochen lassen, bis es weich ist.

Sauergraud

1 Pfund Sauerkraut
100 g Speck
1 Zwiebel
1 Zitrone
1 Teelöffel Zucker
1 große Kartoffel

Man läßt den gewürfelten Speck
aus, bis er braun ist.
Danach wird die geschnittene
Zwiebel darin glasig gedünstet
und das Sauerkraut mit dem Zitronensaft und dem Zucker hinzugegeben.
Etwas Wasser wird noch dazugegossen und alles bei geschlossenem Deckel weich gekocht.
Über das Ganze reibt man zum

Schluß die rohe Kartoffel, rührt um und läßt es noch einige Minuten ziehen.

Gebradnes Sauergraud

1 Pfund Sauerkraut
1 Zwiebel
Butter

Das Sauerkraut wird mit der geschnittenen Zwiebel unter ständigem Wenden so lange in der heißen Butter gebraten, bis es eine bräunliche Farbe hat und fast trocken ist.

Schbeggbohnen

1 Pfund Bohnen
100 g Speck
1 Bund Bohnenkraut
2 Zwiebeln
Salz

Man putzt die Bohnen und kocht
sie in Salzwasser weich. Danach
würfelt man den Speck, schneidet
die Zwiebel und brät den Speck
aus.
Vom Bohnenkraut streift man die
Blätter ab und gibt sie mit der zerkleinerten Zwiebel in den Speck.
Alsdann gießt man die Bohnen ab
und vermischt sie mit dem übrigen.

Gohl mid Gardoffeln

1/4 Weißkohl
1 Pfund kleine Kartoffeln
Semmelmehl
Butter
Fleischbrühe

Die Kartoffeln werden geschält, in Salzwasser gekocht und in Butter braun gebraten. Hierauf wird der ebenfalls im Ganzen weichgekochte Kohl fein geschnitten und mit Semmelmehl, welches man in Butter geröstet hat, vermischt, alsdann mit wenig Brühe verdünnt und über die Kartoffeln gelegt.

Griene Bohnen mid Milch

1 Pfund grüne Bohnen
1 Bund Bohnenkraut
1/4 Liter Milch
1 Tasse saure Sahne
2 Eßlöffel Mehl, Butter, Salz

Die Bohnen schneidet man zur
Hälfte klein. Dann werden sie in
kochendem Salzwasser weich gekocht und abgegossen.

Das Mehl rührt man in die Sahne
und schüttet sie zusammen mit
der kochenden Milch, den abge-
streiften Bohnenkrautblättern und
1 Eßlöffel Butter unter die Bohnen.

Schbarschel

2 Pfund Spargel
4 Eidotter, 1/2 Zitrone
Butter, 2 Eßlöffel Mehl
Salz, Zucker

Der Spargel wird geschält, in Gebinde gebunden und in Wasser mit wenig Salz, Zucker und Butter gekocht, aber nicht zu weich. Nun legt man die Gebinde in eine Schüssel und gießt die auf folgende Art bereitete Brühe darüber: Man quirlt das Mehl mit den Eidottern kalt untereinander, dann wird die Spargelbrühe bei beständigem Quirlen dazugegossen und mit der Zitrone abgeschmeckt.

Schbinad

1 Pfund frischer Spinat
Fleischbrühe
1 Zwiebel
geriebene Semmel
1 Eßlöffel Mehl
Butter

Der Spinat wird gelesen, gewaschen und in kochendem Wasser eine Viertelstunde gekocht, umgerührt und in eine Schüssel gegeben. Dann wird das Wasser mit den Händen ausgedrückt und der Spinat auf einem Brett fein gewiegt.

Dann werden geriebene Semmel und kleingeschnittene Zwiebel mit dem Mehl in Butter geröstet, zusammen in einen Topf getan, mit etwas Brühe angefüllt und über den Spinat gegossen.

Auf die gleiche Art kann man auch mit grünen Bohnen, Kohlrabi, Sellerie, Zwiebeln und Möhren verfahren.

Soßen

Schbeggschdibbe

100 g Speck
2 Eßlöffel Mehl
1 Senfgurke
1/4 Liter saure Sahne
1/2 Zitrone
Pfeffer, Salz, Zucker

Man brät den fein gewürfelten Speck aus, läßt dann das Mehl im Fett binden und gießt mit der sauren Sahne auf. Unter ständigem Quirlen wird das Wasser nachgegossen, bis die Soße dick ist.
Nun gibt man Zitronensaft, Pfeffer, Salz und ein wenig Zucker hinzu.

Meerreddichsoße

1 Stange Meerrettich
1/4 Liter Fleischbrühe
1 Tasse geriebene Semmel
2 Eidotter

Man reibt den Meerrettich recht
fein, dann wird er mit kochender
Fleischbrühe übergossen und gekocht. Sodann wird geriebene
Semmel dazugegeben, die man
noch ein wenig anziehen läßt.
Nun wird die Soße mit 2 Eidottern abgequirlt. Je länger der
Meerrettich kocht, desto mehr
verliert er an Schärfe.

Braune Soße

1 Scheibe Pumpernickel
1 Eßlöffel Mehl
1/4 Liter Fleischbrühe
Wein, 1 Zitrone
1 Stück Zucker, 4 Nelken
Kardamom

Das Brot wird fein gekrümelt und das Mehl daruntergemengt, in Butter braun geschmort. Alsdann wird Fleischbrühe dazugegossen, die man ein wenig kochen läßt. Nun wird etwas Wein, der Saft der Zitrone und ein Stückchen Zucker hineingegeben. Alles läßt man etwas ziehen. Vorm Anrichten rührt man ein paar gestoßene Nelken und Kardamom dazu.

Bedersiliensoße

1 Bund Petersilie
1 Tasse geriebene Semmel
1/4 Liter Fleischbrühe
Butter
Pfeffer, Salz

Die fein gehackte und gewiegte Petersilie wird in Fleischbrühe gekocht. Dann wird die geriebene Semmel in Butter geröstet und dazugegeben und die Soße dicklich eingekocht.

Zwiewwelsoße

2 große Zwiebeln
1 Tasse geriebene Semmel
1/4 Liter Fleischbrühe
Kümmel
Pfeffer, Salz

Man schneidet die Zwiebeln in
Ringe und kocht sie mit etwas
Kümmel in der Fleischbrühe gar.
Dann gibt man die geriebene
Semmel hinzu und kocht so lange,
bis es eine dickliche Brühe gibt.

Gimmelsoße

1 kleiner Teelöffel Kümmel
1/4 Liter Fleischbrühe
1 Tasse geriebene Semmel
Butter

Es wird der Kümmel in der Fleischbrühe aufgekocht, dann die in Butter geröstete geriebene Semmel hinzugegeben und alles noch ein wenig aufgekocht.

Senfsoße

1 Zwiebel, 2 Eßlöffel Mehl
2 Eßlöffel Senf, Fleischbrühe
1/2 Zitrone, Essig, Zucker, Butter
Salz, Lorbeerblätter

Die geschnittene Zwiebel brät man in Butter mit dem Mehl hellbraun, gießt etwas Fleischbrühe darauf, gibt einige Zitronenscheiben, Salz und Lorbeerblätter dazu, schmeckt mit Zucker und Essig ab und rührt zum Schluß den Senf unter.

Himbeersoße

1 Pfund Himbeeren
Zucker, 1 Eßlöffel Kartoffelmehl
1 Stange Zimt, Rotwein

Die Himbeeren werden roh durch ein grobes Sieb gedrückt und mit etwas Wasser, etwas Wein, Zucker und Zimt gekocht. Die Soße wird, wenn sie kocht, mit Kartoffelmehl abgezogen und zu Mehlspeisen gegeben.
Johannisbeersoße bereitet man auf die gleiche Art zu.

Zidronensoße

1/2 Pfund Butter
2 Hände geriebene Semmel
1 Zitrone
1 Glas Weißwein
1 Tasse Fleischbrühe

Die Butter wird im Topf warm ge-
macht, bis sie steigt, dann gebe
man die geriebene Semmel dazu
und lasse es eine Weile schmoren.
Alsdann kommt die Zitrone, der
Wein und so viel Brühe dazu, daß
es eine sämige Soße wird.

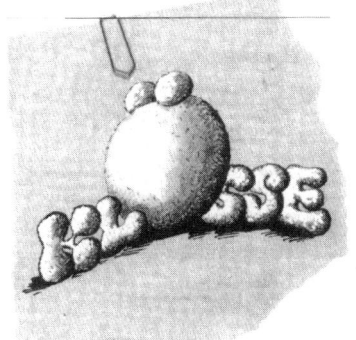

Klöße

WENNS GLEESSE GIBBT

Wenns Gleeße gibbt, das is e Fest
In dr Familche jedesmal.
Da bleibt gee eenzches Stick als Rest,
Un war ooch noch so groß de Zahl.

Sogar dr Oba, där haut rein,
Als wenn'r noch e Bursche wär
Un wärcht e halwes Dutzend nein.
De Gullern schmecken gar zu sähr.

Dr Onkel Garl leecht noch een druff
Un spießt soähm dn siemten an.
Dann endlich heertr seifzend uff,
Weil'r nich mähr bewältchen gann.

De gude Muddi, die vorhär
Sich abgeblackt hat stundenlang,
Gann nachn zweeten schon nich mähr,
Gaum daße richtch angefang'.

Se freit sich an dr Mumbelschlacht
Von all ihrn Liem da um sich rum.
Ob eens drbei wohl hat gedacht
Ans miehvolle Dran un Drum?

Lene Voigt

Wiggelgleeße

1 Pfund Mehl
1/4 Liter Milch
3 Eier
Butter
2 Tassen geriebene Semmel
Salz

Man quirlt die Milch mit den Eiern zusammen und knetet mit dem Mehl einen nicht allzu festen Teig.
Dann rollt man den Teig dünn aus und bestreicht ihn mit der in Butter gerösteten geriebenen Semmel, rollt ihn zu einer Rolle, schneidet handbreite Stücke und kocht sie in Salzwasser schnell weich.

Rahmgleeße

3 Pfund Kartoffeln
1/4 Liter Sauerrahm, 5 Eier
1 Semmel, 1/2 Pfund Mehl, Butter,
Salz

Man kocht die geschälten Kartoffeln in Salzwasser am Vortag weich.

Dann reibt man sie fein, fügt den Rahm, die 5 Eier und das Mehl hinzu, knetet alles und formt Klöße davon, in die man die in Butter gerösteten Semmelwürfel gibt. In Salzwasser kocht man sie gar.

Griene Gleeße

Ein halber Eimer Kartoffeln
1 Tasse Grieß
Salz
2 Semmeln

Die Kartoffeln schält man und reibt sie auf einer groben Reibe in eine große Schüssel. Danach wird die Masse Kelle für Kelle durch ein Leinensäckchen gedrückt, bis sie trocken ist. Inzwischen würfelt man die Semmeln und brät sie in viel Butter dunkelbraun.

Den Grieß quirlt man in wenig Wasser an und gießt ihn in kochendes Wasser, wobei unter ständigem Rühren ein dicker Grießbrei entstehen muß. Dieser wird

mit wenig Salz in der Kartoffel-
masse verknetet. Mit nassen Händen formt man schöne, große
Klöße, drückt 2 Semmelwürfel
hinein und läßt sie in siedendem
Wasser so lange kochen, bis sie
aufsteigen.

Feine Mählgleeße

1/2 Pfund Mehl
1/4 Liter Sauerrahm
30 g Butter
4 Eier, Salz
Fleischbrühe

Man macht den Rahm und die Butter kochend, gibt das Mehl hinein, rührt es so lange, bis es ganz fest ist und sich vom Löffel und Topf löst.
Ist dieses erkaltet, fügt man die Eier und Salz hinzu, formt kleine Klöße und kocht sie in Fleischbrühe weich.

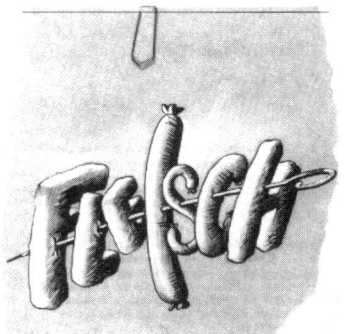

Fleisch

WURSCHTLIED

Scheener griener Donnerschdaach,
Juchheidi, juchheida,
Där uns sähr gefallen maach,
Juchheidi, heida.
Isr doch mit Wurscht bekränzt.
Hei, wie unser Ooche glänzt!
Juchheidi, heidi, heida,
Juchheidi, heida.

Wurscht, das is ä Zauwerwort,
Juchheidi, juchheida,
Darum dreim mir Wärschteschbort,
Juchheidi, heida.
Das gibt Mumm un neie Graft
In de ganze Landsmannschaft.
Juchheidi, heidi, heida,
Juchheidi, heida.

Hochgebriesen sei das Schwein,
Juchheidi, juchheida,
Das da in die Wurscht gam nein,
Juchheidi, heida.
Guchelrund un wunderscheen
Sähn mersch fermlich vor uns
schtehn.
Juchheidi, heidi, heida,
Juchheidi, heida.

Grade wie das Borschtendier,
Juchheidi, juchhheida,
Grunzen vor Behaachen mir,
Juchheidi, heida.
Wenn mer alle ohne Ziern
Ä Schtick Wurscht zum Munde
fiehrn.
Juchheidi, heidi, heida,
Juchheidi, heida.

Andre bickern elegant,
Juchheidi, juchhheida,
Doch mir nähmse in de Hand,
Juchheidi, heida.
Weil mir hier im »Walfisch« drin
Ja wie in Familche sin.
Juchheidi, heidi, heida,
Juchheidi, heida.

Dauert lange noch das Lied?
Juchheidi, juchhheida,
Weil's uns nach dr Wurscht hinzieht,
Juchheidi, heida.
Morden mir mit galten Sinn
Eenfach sonst de Dichterin!
Juchheidi, heidi, heida,
Juchheidi, heida.

Lene Voigt

Sauergraud mit Gaßler

1 Pfund Sauerkraut
1 Pfund Kaßlerkamm
1 Zitrone, 1 Handvoll Pilze
1/4 Liter saure Sahne
1 Zwiebel, 1 Möhre
1 Apfel (geschält)

Man gibt alles zusammen im Ganzen in einen Topf, gießt etwas Wasser auf und läßt auf gelindem Feuer mindestens 3 Stunden ziehen.

Danach nimmt man das Fleisch heraus, löst es vom Knochen, schneidet es klein und gibt es wieder hinein. Ein paarmal wieder aufgewärmt, schmeckt es immer besser.

Gaßler-Röllchen

2 Pfund Kaßlerkotelett
1/2 Pfund Champignons
1/8 Liter saure Sahne,
3 Zwiebeln
1 Eßlöffel Honig, Öl

Den Kaßler löst man vorsichtig vom Knochen und schneidet ihn in halbfingerdicke Scheiben. Danach legt man auf jede Scheibe einen Champignon und ein kleines Stückchen Zwiebel, rollt sie ganz eng zusammen, ohne Faden, und brät sie in dem heißen Öl und Honig von beiden Seiten schön braun. Alsdann gießt man die Sahne darüber und läßt bei gelindem Feuer garziehen.

Gebaggene Gälberfieße

Kälberfüße, Eier
geriebene Semmel, Butter
2 Bund Petersilie
2 Lorbeerblätter
Pfeffer, Salz

Die Füße werden in Wasser mit Pfeffer, Salz und Lorbeerblättern weich gekocht, die Knochen herausgebrochen.

Nachdem man das Wasser ablaufen ließ, wendet man sie in geschlagenem Ei, bestreut sie mit der geriebenen Semmel und bäckt sie in Butter.

Galbsfriggasseh

2 Pfund Kalbsbrust
3 Eidotter
4 Eßlöffel Mehl
1 Tasse Weißwein
1 Bund Suppengrün
1 Handvoll Majoran, Thymian,
Estragon
Pfeffer, Salz

Man nimmt zum Frikassee ge-
wöhnlich eine fette Brust und läßt
sie mit Pfeffer, Salz und Suppengrün 1 Stunde kochen. Alsdann
wird sie herausgenommen, in be-
liebige Stücke geschnitten und
wieder in die Brühe gelegt. In
einem Leinensäckchen werden
Majoran, Thymian und Estragon

noch eine halbe Stunde mitge-
kocht. Dann läßt man alles kalt
werden.

Hierauf quirlt man Eidotter und
Mehl in Weißwein in einem anderen Topf, gießt unter beständigem
Quirlen Brühe von dem Fleisch
dazu, so viel wie man nötig hat,
und legt das Fleisch wieder hinein. Man kann es auch mit Zitrone abschmecken.

Gedämbfde Galbsläber

1 Pfund Kalbsleber
100 g Speck, 1 Zwiebel
1/2 Zitrone, Butter, Pfeffer, Salz

Man häutet die Leber, pfeffert und salzt sie und durchsteckt sie gehörig mit grobem Speck. Nun wird ein Schmortiegel genommen und etwas Butter, eine mit Nelken besteckte Zwiebel und ein paar kleine Scheiben Zitrone hineingegeben. Hierauf gibt man ein paar Stückchen Holz in den Tiegel, legt die Leber darauf, daß sie von unten nicht anbrennt, und läßt sie bei gelindem Feuer langsam dämpfen, doch muß sie einmal umgewendet werden.

Gefillde Schnidsel

4 Schnitzel
100 g Leberwurst
1 Eßlöffel Schnittlauch
1 Eßlöffel gehackte Petersilie
2 Knoblauchzehen
1 Teelöffel Senf
Pfeffer, Salz, Butter, Öl

Man mischt die Leberwurst, den Schnittlauch, die Petersilie, die zerdrückte Knoblauchzehe und den Senf zu einer Masse, schneidet alsdann Taschen in die Schnitzel, füllt die Masse hinein, steckt sie wieder zusammen und brät sie in halb Butter und halb Öl von beiden Seiten schön braun.

Sülzgodledd

3 Pfund Kotelett im Ganzen
1 Bund Suppengrün
2 Eier
4 saure Gurken
2 Zwiebeln
Essig, Zucker, Pfeffer, Salz
2 Blätter Gelatine

Man kocht das ganze Fleisch mit den Knochen, mit Suppengrün, 1 Zwiebel, Pfeffer und Salz recht weich. Danach weicht man die Gelatine ein und verrührt sie mit der kochenden Brühe, etwas Essig und Zucker nach Geschmack. In eine Königskuchenform gießt man einen Finger hoch Brühe und läßt sie steif werden.

Danach legt man das von den Knochen befreite Fleisch darauf und gießt die restliche Brühe darüber, so daß sie etwas über dem Fleisch steht. 2 hartgekochte Eier, 1 Zwiebel und 4 saure Gurken würfelt man recht fein, vermischt sie miteinander und häuft sie auf das gestürzte Sülzkotelett.

Gänseläber

Gänseleber, Gänsefett
Mehl, 1 Zwiebel, 2 Nelken, Salz

Die Leber salzt man, wendet sie in Mehl um und läßt sie mit der Zwiebel und den Nelken im heißen Gänsefett braten.

Saure Eier

Eier (für jeden zwei)
100 g Speck
3 Eßlöffel Mehl
Fleischbrühe
1 Zitrone, Pfeffer, Salz, Zucker

Den gewürfelten Speck zerläßt man schön braun, rührt mit Mehl an und füllt nach und nach mit kalter Brühe auf, bis man eine dicke Soße hat. Danach gibt man den Zitronensaft, Pfeffer und Salz dazu und schmeckt mit Zucker ab. In kochendes Essigwasser läßt man nach und nach die Eier hineingleiten, bis das Eiweiß gestockt ist. Diese legt man dann in die Soße.

Gogosglobbse

1 Pfund Hackfleisch
1 Scheibe Schwarzbrot
1 Zwiebel
2 Knoblauchzehen
1 Teelöffel Majoran
1 Suppenwürfel
1 Tasse Kokosflocken
1 Ei, Öl, Pfeffer, Salz

Man weicht das Schwarzbrot in
Wasser ein und zerdrückt den Suppenwürfel in ganz wenig Wasser.
Danach drückt man aus dem ge-
quollenen Brot nicht alles Wasser
heraus und gibt das Brot mit dem
Brühwürfel, der gehackten Zwiebel, dem zerdrückten Knoblauch,
einem Ei, dem Majoran nebst

Pfeffer und Salz zu dem Hackfleisch. Dann mengt man alles
schön durcheinander.
Alsdann formt man runde Klop-
se, wälzt sie von allen Seiten in
den Kokosflocken und läßt sie in
heißem Öl braun braten.

Gaßler mid Graud

1 kleines Weißkraut
1 Pfund Kaßlerkotelett
1/4 Pfund Schweizer Käse
1 Zwiebel
4 Nelken
1 Eßlöffel Sojasoße
1/4 Liter saure Sahne
Öl, Pfeffer, Salz

Das Kraut schneidet man in breite, das Kaßler in ganz dünne Streifen. Dann wendet man Kaßler und Kohl zusammen in dem heißen Öl, so lange, bis der Kohl nicht mehr steif ist.

Danach gibt man die zerkleinerte Zwiebel, Nelken, Sojasoße und Sahne dazu und läßt alles so lange kochen, bis das Kaßler weich ist. Nun wird der kleingeschnittene Käse untergerührt, bis er sich aufgelöst hat.

Ribbchen

3 Pfund Schweinerippchen
(Schälrippchen)
1 Zwiebel
1/2 Glas Senf
6 große Knoblauchzehen
3 Eßlöffel Honig
Pfeffer, Salz

Die Rippchen legt man schön
breit auf den Tisch und salzt und
pfeffert sie.

Danach mischt man Senf, zerdrückten Knoblauch und Honig
zu einer Masse zusammen. Diese
streicht man dick auf die Rippchen. In heißem Öl werden sie
nun nacheinander von beiden
Seiten braun gebraten. Wenn man

alle Rippchen durchhat, kommen sie wieder in den Topf mit der Zwiebel, und man gießt mit Wasser bis zur Hälfte auf. Bei geschlossenem Topf müssen sie ganz weich werden.

Danach entfernt man alle Knochen.

Schdreuselfleisch

1 Pfund schieres Rindfleisch
2 sehr große Zwiebeln
1 große Gewürzgurke
4 Knoblauchzehen
1 Tasse Rahm
Öl, Pfeffer, Salz

Man schneidet das Fleisch, Zwiebeln, Knoblauch und Gurke in

Stückchen und vermengt alles zusammen in einer Schüssel. Dann nimmt man nacheinander immer eine Handvoll von der Masse und wiegt sie mit dem Wiegemesser noch kleiner.

Danach alles in heißem Öl unter ständigem Rühren so lange braten, bis es Farbe angenommen hat. Alsdann gibt man die Sahne dazu, läßt alles höchstens 10 Minuten ziehen und serviert es mit Reis.

Gaßlerbraden

2 Pfund Kaßlerkamm mit Knochen
1 Flasche Malzbier, 2 Zwiebeln
10 Nelken
1 Lebkuchen, 1 Teelöffel Zucker,
Butter

Den Kamm spickt man an der Oberseite mit den Nelken und streut ein wenig Zucker darüber. Im Topf das Öl heiß werden lassen, das Fleisch mit der Unterseite hineinlegen und die ganzen Zwiebeln dazugeben, schön braun werden lassen und das Malzbier darübergießen. Nach einer Weile den Lebkuchen einstreuen und das Fleisch gar werden lassen.

Grünes Fileh

2 Pfund Filet vom Rind
200 g durchwachsener Speck
2 Hände voll frischer Kräuter (Pe-
tersilie, Basilikum, Bohnenkraut,
Estragon, Dill, Liebstöckel)
1 Tasse geriebene Semmel
2 Zwiebeln
1/2 Liter Rotwein
Butter, Öl

Den Speck schneidet man in dünne Scheiben und legt mit der einen Hälfte davon den Topf aus. Das Filet pfeffert und salzt man und bestreicht es mit Öl.
Alsdann wird es in den heißen Topf gelegt. Kräuter, Zwiebel und restlichen Speck wiegt man fein

und legt alles auf die Oberseite des Fleisches. Darauf wird geriebene Semmel gestreut und mit den Fingern schön festgedrückt. Man läßt es braun braten, gießt dann den Rotwein hinzu und läßt bei geschlossenem Topfdeckel das Fleisch garen.

Gefüllde Drudhenne

1 Truthenne
1 Pfund Speck
3 Eier
je 1 Tasse Butter, Rosinen,
gestoßene süße Mandeln,
geriebene Semmel
Muskat, Salz

Die Truthenne spickt man an
Brust und Keulen schön mit
Speck und salzt sie. Alsdann
vermischt man Butter, Rosinen,
Mandeln, geriebene Semmel,
rührt alles durcheinander und
füllt die Henne damit, wonach sie
zusammengesteckt wird.
In heißem Öl wird sie unter öfte-
rem Begießen braun gebraten.

Zunge mid Rosinensoße

1 Rinderzunge
1 Suppengrün
1 Tasse Rosinen
1 Tasse geriebene Semmel
1 Eßlöffel Kapern
1 Zitrone
Zucker, Butter, Pfeffer, Salz

Die Zunge muß man mit dem Suppengrün, Pfeffer und Salz 4 bis 5 Stunden kochen.
Dann werden die Rosinen weichgekocht und herausgenommen. Alsdann wird geriebene Semmel in Butter geschmort, die Rosinen werden hinzugegeben und mit der Zungenbrühe aufgegossen, bis eine sämige Soße entsteht.

Kurz vor dem Anrichten gibt man erst die Kapern hinzu, drückt den Saft der Zitrone hinein und schmeckt mit Zucker ab.

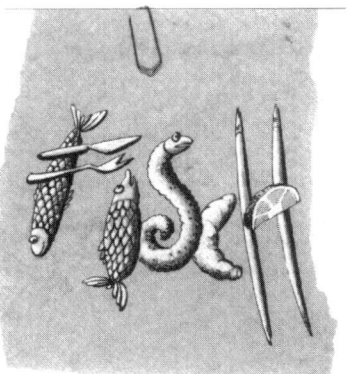

Fisch

BICKLINGE

Bicklinge, scheen zurechtgemacht,
Sin deligate Dinger.
Mr grichtse hibsch serviert gebracht,
Verschmiert sich nich de Finger.
Doch wär se selbst zerleechen muß,
Däm nimmts gleich vorhär dn
Genuß.
De Gräten un de fettche Haut,
Die machen, daß een davor graut.
Un so verzichtet mr uffs Ganze
Vom Gobbe an bis hin zum
Schwanze.

Lene Voigt

Garbfen
in Budder gebaggen

1 Karpfen
Mehl, Grieß
Butter
Salz

Ist der Karpfen geschuppt und in Stücke geschnitten, wird jedes Stück inwendig mit Salz eingerieben und in eine Schüssel gelegt, dort bleibt es eine Stunde zugedeckt stehen. Nachher wird das Schleimige mit einem reinen Läppchen wieder gut abgewischt. Mehl wird mit Grieß vermengt, darin werden die Stücke gewälzt und in heißer Butter schön knusprig gebacken.

Bradhäringe

6 grüne Heringe
Mehl
2 Eier
geriebene Semmel
1 Tasse Essig
2 Lorbeerblätter
1 Zitrone
4 Zwiebeln, Pfeffer, Salz, Zucker
Öl

Die Heringe nimmt man aus,
wäscht sie sauber, schneidet Kopf
und Schwanz ab und zieht die
Mittelgräte. Auseinandergeklappt
werden sie alsdann gepfeffert,
gesalzen und mit Zitrone be-
träufelt. Man läßt sie eine Weile
ziehen.

Nun bereitet man 3 Teller vor, jeweils mit Mehl, den geschlagenen Eiern und geriebener Semmel. Man zieht die Heringe erst durch Mehl, durch Ei und dann durch die geriebene Semmel. Dann werden sie in viel Öl sehr braun gebraten und in eine Schüssel geschichtet. Die Zwiebeln schneidet man in Ringe und legt sie dazu. In einem Topf wird sehr kräftiges Essigwasser mit einer Prise Zucker gekocht und siedend über die Heringe gegossen.

Einen Tag müssen sie ziehen.

Marinierder Häring

6 Salzheringe
1/2 Liter Milch
3 Eßlöffel saure Sahne
1/2 Apfel
4 Zwiebeln
4 Gewürzgurken
4 Lorbeerblätter
je 1 Teelöffel Piment und Pfeffer-
körner
4 Eßlöffel Essig, eine Prise Zucker
2 Eßlöffel Öl

Die Heringe nimmt man aus und
wässert sie 8 Stunden. Dann spült
man sie gründlich ab, zieht die
Mittelgräte und häutet sie. Nun
verquirlt man in einer großen
Schüssel Milch und Sahne.

Man schneidet die Gurke in hauchdünne Scheiben, raspelt den Apfel und legt alles hinein. Dann schneidet man die Zwiebeln in Ringe, wobei man ein Viertel davon roh in die Schüssel gibt und den anderen Teil in kräftigem Essigwasser mit Zucker ganz kurz aufkochen läßt. Nun kommen diese Zwiebeln ohne das Essigwasser in die Milch nebst Lorbeerblättern, Piment, Pfefferkörnern und Öl.

Am Schluß legt man die Heringsfilets hinein und läßt alles einen Tag ziehen.

Gabelbissen

6 Salzheringe
1 Flasche Öl
je 1 Teelöffel Piment und Pfeffer-
körner
10 Lorbeerblätter
1 Eßlöffel Senfkörner
3 Stück eingelegter Ingwer
2 Zwiebeln
1 Zitrone
1 Apfel
2 Bund Dill

Man putzt die Heringe und wässert sie einen Tag. Danach wird
die Gräte gezogen, die Rücken-
haut abgezogen, und die Heringe
werden in zwei Finger breite
Stücke geschnitten. Diese gibt

man mit dem gehackten Dill in die Schüssel, damit die Heringe zuerst darin ziehen. Wenig später kommen Lorbeerblätter, Senfkörner, geschnittener Ingwer, Zwiebeln, Apfelscheiben und dünne Zitronenscheiben hinzu. Alles gießt man dann mit Öl auf, daß es bedeckt ist, und läßt es 2 Tage ruhen.

Vochtländscher Garbfen

1 Karpfen
1/2 Liter Malzbier
1/2 Liter Wasser
4 Zwiebeln, 2 Eßlöffel Butter
1 Teelöffel Zucker, 1 Brotrinde
3 Lorbeerblätter, Pfeffer, Salz

Man schuppt den Karpfen und schneidet ihn in große Stücke, gibt in den Topf die zerschnittenen Zwiebeln, Lorbeerblätter, Piment und Salz und legt die Karpfenstücke darauf. Hierauf begießt man mit Malzbier und Wasser, läßt alles aufkochen und gibt dann die Butter, den Zucker und die Brotrinde hinzu. Man läßt es eine Dreiviertelstunde kochen.

Forelln in Appelsoße

2 Forellen, 4 Äpfel
1/4 Liter süßer Weißwein
Zucker, Zimt, Essig, Muskat
Zitronenschale, Butter, Salz

Die Forellen kocht man in Salzwasser mit etwas Essig ab, nimmt sie heraus und läßt sie abtropfen. Unterdessen schält und schneidet man die Äpfel, läßt sie in Wein mit etwas Zucker und Zimt weich kochen, schlägt sie durch ein Sieb und würzt sie mit Zitronenschale und Muskat.

Alsdann gießt man diese Soße über die Forellen und läßt alles mit einem Stückchen Butter aufkochen.

Süßes

MEI ÄRSCHTER
ABBELGUCHEN

Alles muß ä Weib versuchen
Geene Mihe därf mer schein.
Drum buk ich ä Abbelkuchen
In dr Giche ganz allein.

Mir zur Linken in ä Näbbchen
Schnitt ich Abbelschtickchen rein,
Riehrte in ä Millichdäbbchen
Dann ä Häbbchen Hefe ein.

Budder, Zugger, Mähl un Eier
Haut ich voller Schwung zusamm,
Gam vor Freide ganz in Feier
Daß mer was zum Gaffee hamm.

Gosten daat ich wie besässen,
Un eh' ich mirsch rächt versah,
Hatt'ch dn ganzen Deich gefrässen,
's warn bloß noch de Äbbel da.

Lene Voigt

Buddermilchgetzen

1 Liter Buttermilch
3 Eier
1/2 Pfund Mehl
100 g Speck
Salz

Man quirlt die Buttermilch, die Eier, das Salz und das Mehl gut zusammen. Den gewürfelten Speck brät man in einer großen Pfanne scharf aus, gießt die Masse vorsichtig hinein und läßt sie schön backen.

Davon sticht man große Nocken ab und serviert sie mit dem Speck.

Quarggeulchen

1 Pfund Quark
Mehl
3 Eier
1 Tasse Sauerrahm
Butter, Salz, Zucker

Den Quark, die Eier und den Rahm verrührt man mit ein wenig Salz, alsdann gibt man so viel Mehl daran, daß ein nicht zu fester Teig entsteht.

In einem Tiegel läßt man Butter aus, nimmt immer eine Handvoll Teig, formt ihn zu flachen Scheiben, brät sie von beiden Seiten schön braun und bestreut sie mit Zucker.

Gardoffelbudding

1 Pfund Kartoffeln
ca. 200 g Butter
2 Eier
3 Eßlöffel Zucker, Salz
1/2 Zitrone

Man reibt die gekochten und kalt
gewordenen Kartoffeln, rührt die
Butter schaumig, gibt Eier, Zuk-
ker, Zitronensaft und eine Prise
Salz dazu und rührt alles tüchtig
durcheinander. Dazu kommen
die Kartoffeln. Die Masse zu die-
sem Pudding muß recht dick eingerührt und das Hinzugießen von
Flüssigkeit vermieden werden.
In einer Form muß der Pudding
im Herd eine Stunde backen.

Bernfanne

3 Pfund Birnen
1 Pfund Zucker
5 Semmeln
1 Liter Milch
6 Eier
2 Eßlöffel Mehl
Zimt, Kardamom, Salz
Butter

Man schält und schneidet die Birnen. Nun klebt man eine große Pfanne gut mit Butter aus, gibt die Birnen in dieselbe, setzt sie in den Bratofen und läßt sie erst für sich allein ein wenig anbraten. Die Semmeln weicht man in Milch ein; hat man sie genug geweicht, so schlägt man die Eier und das

Mehl hinzu, quirlt alles gut zusammen, so daß von der Semmel kleine Stückchen bleiben, und gibt noch ein wenig Salz, Zimt und Kardamom hinzu. Diese Fülle schüttet man über die Birnen und läßt sie schön gelb backen.
Auf dieselbe Art macht man auch die Fülle von Borsdorfer Äpfeln und von Pflaumen.

Abbelbrod

2 Pfund Äpfel
1 Päckchen Pumpernickel
Zucker
1 Tasse Rosinen, Nelken
Butter
2 Semmeln

Die geschälten und fein geschnittenen Äpfel werden mit recht viel Zucker, Zimt, Rosinen und Nelken vermengt. Der Pumpernickel wird zerbröselt und gezuckert.
Eine Auflaufform wird mit Butter ausgestrichen, da hinein wird eine Schicht Brot, eine Schicht Äpfel und so fort getan, bis alles verbraucht ist. Nun drückt man alles derb zusammen, belegt mit Sem-

melscheiben und läßt es im Herd
zugedeckt 2 Stunden mit wenig
Hitze backen.

Zidronenschbeise

1 Zitrone, 8 Eier
5 Eßlöffel Zucker, Butter

Die Zitrone kocht man in Wasser
ganz weich, dann wird sie in
einem Reibenapf ganz fein ge-
rieben, das Gelbe von den Eiern,
Zucker und zuletzt das geschlagene Eiweiß daruntergerührt.
Eine Form wird mit Butter ausgestrichen und die Speise 1 Stunde lang gebacken.

Äbbel mid Milch

Kleine Äpfel
1/4 Liter Milch
2 Eßlöffel Mehl
Butter

Die Äpfel werden sauber gewaschen, mit Schale in eine Pfanne gelegt und mit ein wenig Wasser einige Minuten kochen gelassen. Dann wird die Milch mit dem Mehl verquirlt, über die Äpfel gegossen, aufgekocht und mit brauner Butter begossen.

Mehlschbeise
von Gardoffeln

200 g Butter
3 Eier
4 Eßlöffel Zucker
1/2 Zitrone
1 Pfund geriebene, gekochte
Kartoffeln
1 Tasse Rosinen
2 Eßlöffel gehackte bittere
Mandeln

Man rührt erst die Butter mit den
Eiern gut zusammen, alsdann gibt
man die übrigen Zutaten hinzu,
reibt eine Form mit Butter ein
und bäckt darin im Ofen alles
1 Stunde bei schwacher Hitze.

Arme Ridder

4 Semmeln
3 Eier
1/4 Liter Milch
Butter
Zucker, Zimt

Man schneidet die Semmeln in
Scheiben und legt sie breit in eine
Schüssel, verquirlt die Eier mit
der Milch und begießt damit die
Semmeln, daß sie gut durchwei-
chen, aber nicht zerfallen. Sodann
werden sie in Butter von beiden
Seiten schön braun gebraten, mit
Zucker und Zimt bestreut und
gleich warm gegessen.

Schogoladenschbeise

200 g Butter, 4 Eier, getrennt
4 Eßlöffel Zucker, 2 Semmeln
1/4 Liter Milch, 1 Tafel Schokolade
Butter, 1 Scheibe Pumpernickel

Man rührt Butter in 4 Dottern und
Zucker gut ab. Dann werden die
Semmeln in Milch geweicht, wieder ausgedrückt, zerrieben und
dazugegeben.
Nun wird der Schnee von den
Eiern nebst der geriebenen Schokolade eingerührt und in einer
mit Butter ausgestrichenen Form,
welche auch noch mit dem geriebenen Pumpernickel ausgestreut
ist, bei wenig Hitze 1 Stunde lang
gebacken.

Grießschbeise

1/2 Liter Rahm
4 Eßlöffel Zucker, 200 g Butter
1/2 Pfund Weizengrieß
3 Eier, 1/2 Zitrone
2 Eßlöffel gewiegte süße Mandeln

Der Rahm wird mit Zucker und
Butter übers Feuer gesetzt. Sobald es kocht, gibt man den Grieß
unter ständigem Quirlen hinein
und läßt es eine Viertelstunde
ausquellen.

Alsdann schlägt man noch die
Eier, Zitronensaft und die Mandeln hinzu, bäckt es in einer
Form, die vorher mit Butter ausgestrichen ist, bei wenig Hitze
1 1/2 Stunden.

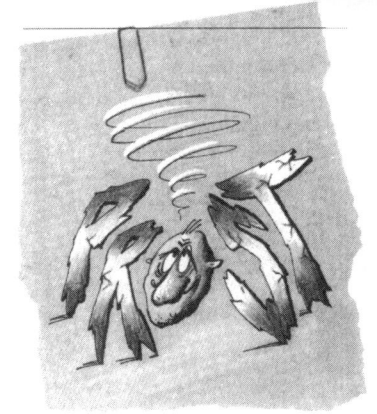

Prost

IN DN DEE BAAR DREBBCHEN RUM …

In dn Dee baar Drebbchen Rum
Brachte noch geen Menschen um.
Wenn mers'ch nur nich iberdreibt
Un's ähm bei baar Drebbchen bleibt.

Wie behaachlich un wie wohl
Schtreemt ä bißchen Algohol
Jeden in sein Gorbus nein.
Das braucht geener zu berein.

Noch drzu, wenn's draußen schtärmt,
Merkt mer ärscht, wie sowas wärmt,
Schbiert in jeder Ader dann,
Wenn de Drebbchen drin gomm an.

Grabblense nuff in de Schtern
Un noch heher ins Gehern,
Gähmse dn Gedanken Schwung,
Bis ä neies Lied gesung'.

Sowas nennt mer »inschbiriern«.
Oft schon dat ich's ausbrobiern.
Doch jetz här ich lieber uff,
Sonst schbricht eener noch von Suff.

Lene Voigt

Warmbier

1/2 Liter Milch
1 Liter Braunbier
3 Eidotter
1 Teelöffel Mehl
1 Eßlöffel Butter
Zucker, Salz, Zimt

Man setzt die Milch und das Bier getrennt aufs Feuer und läßt es kochen. Dann quirlt man die 3 Eidotter und Mehl in ein wenig Milch.
Sobald nun Milch und Bier kochen, gießt man unter stetigem Quirlen alles zu der Milch, zuletzt das Bier dazu und läßt es zusammen mit Butter, Zucker, Zimt und einer Prise Salz anziehen. Ehe das

Bier zu kochen anfängt, muß es gut abgeschäumt werden.

Eiergrogg

1 Liter Wasser
6 Eidotter
1/4 Liter Arrak
1/4 Pfund Zucker

Wenn das Wasser kocht, nimmt man die Eidotter und schlägt sie zu Schaum, dann werden der Arrak und der Zucker genommen und mit den Eiern unter beständigem Rühren in das kochende Wasser gegeben.

Eierbunsch

1/2 Liter Arrak
1/2 Liter Weißwein
1/2 Liter Wasser
1/2 Pfund Zucker
10 Eier
4 Zitronen

Man gibt alles zusammen in einen großen Topf, setzt es aufs Feuer und schlägt es so lange, bis es schäumt.
Man gibt den Punsch in Gläser und trinkt ihn heiß.

Register

(in alphabetischer Reihenfolge)

HEYNE MINI

Außerdem erschienen:

Das Spaghetti-Kochbuch
(33/78)

Wilhelm Heyne Verlag München